Couvertures supérieure et inférieure
manquantes

NOTICE

sur

SELLIÈRES

NOTICE

SUR

SELLIÈRES

PAR

A. Y. SJ. R.

SAINT-CLAUDE

IMPRIMERIE DE VEUVE ÉNARD

1869

NOTICE

SUR

SELLIÈRES

Origine de Sellières.

César, après avoir conquis la Gaule, se chargea de nous raconter lui-même, dans ses admirables commentaires, l'histoire de cette difficile conquête. Nous voyons, dans ces mémoires du vainqueur, qu'à l'époque où, pour la première fois, les légions mirent le pied sur le sol de notre pays, les Séquanais, un des peuples les plus belliqueux de la Gaule celtique, occupaient le territoire qui forme la Franche-Comté actuelle. Longtemps ils avaient aspiré à étendre leur domination sur les nations voisines : trop faibles pour les vaincre seuls, ils avaient appelé à leur aide Arioviste et ses Suèves.

Le barbare, après les avoir aidé dans cette difficile conquête, devint bientôt pour eux un insupportable tyran. Les douceurs du climat de la Séquanie avaient séduit ses rudes soldats ; il les établit dans les riches plaines de ses alliés, sur lesquels pesa bientôt un joug plus dûr que celui qu'ils avaient voulu imposer au reste de la Gaule celtique.

Cet état de choses ne pouvait durer longtemps : nos pères étaient trop fiers pour servir un barbare tel qu'Arioviste, et s'ils devaient un jour s'avouer vaincus, c'était par les armes savantes et la civilisation plus avancée des Romains.

Ce jour n'était pas éloigné. César venait de défaire, sur les bords de la Saône, les tribus Helvétiques qui menaçaient la Cisalpine d'une invasion : les Séquanais l'appelèrent à leur secours. Heureux de trouver une occasion de s'immiscer davantage dans les affaires des nations galoises, le Romain s'empressa de répondre à cet appel. Il vint chasser Arioviste et les Germains, et nos pères crurent un instant avoir recouvré leur liberté.

Mais César ne tarda pas à leur parler en maître à son tour. Ils reprirent alors les armes, résolus à mourir plutôt que de subir un joug étranger.

Pendant sept années, ils occupèrent les légions de Rome qui, désespérant de les vaincre par la force, tenta de les assouplir en les conviant aux douceurs de sa brillante civilisation, en se les incorporant, pour ainsi dire, et en leur ouvrant jusqu'aux portes de la Curie.

Une nouvelle phase s'ouvrit alors pour la Séquanie qui ne tarda pas à fleurir à l'ombre des aigles du capitole. Des villes magnifiques s'élevèrent de tous côtés ; en même temps que des voies nombreuses ouvertes à travers les forêts mystérieuses, qui couvraient nos campagnes, multipliaient les relations entre les diverses parties de la province, et facilitaient la puissante administration des conquérants.

Une de ces voies romaines partait de l'ancienne Viridinum (Verdun), et passant par Belvesvre, aboutissait à Poligny. Sur cette route s'élevaient des villages hotelleries, sorte de caravansérails, où se reposaient les voyageurs fatigués, et où relayaient les conducteurs. Sellières, comme son nom semble l'indiquer (1), dût n'être à l'origine qu'une de ces obscures stations !

Etablie toutefois dans un lieu fertile et agréable, la modeste hôtellerie ne tarda pas sans doute à devenir un bourg d'une certaine importance. Néanmoins nous n'avons point d'autres traces de ce passé reculé que quelques médailles à l'effigie de Vespasien, d'Antonin et d'Alexandre Sévère, recueillies sur son territoire.

Tout, pour la modeste bourgade, alla bien pendant deux siècles. L'empire Romain, bien que gouverné par des imbéciles et des monstres, sût maintenir jusqu'à cette époque ses frontières intactes, et durant ces longues années de paix, Sellières, se développant rapidement, devint bientôt un petit centre d'où rayonnaient plusieurs voies secondaires se dirigeant sur Arlay, Colonne, etc. Mais avec Gallien, ce lâche épicurien, qui défendait au Sénat de porter les armes parce qu'il avait montré quelque énergie, on voit les Allemands franchir le Rhin et dévaster la Séquanie tout entière. Ce fut comme un signal, et à partir de cette époque, dans la malheureuse province les invasions se succédèrent sans interruption, jusqu'à ce que, entièrement déserte, elle n'offrit plus que des monceaux de ruines et des solitudes immenses.

Ville d'une importance secondaire et située sur une voie très-fréquentée, Sellières était exposée à tous les coups des barbares et dut succomber une des premières. Il est probable en effet que ses murs

---

(1) Parmi les auteurs qui ont parlé de Sellières, les uns tirent son nom de *Cellarium, cella, cellaria,* cellier : d'autres de *celeres,* nom qu'on donna d'abord à un corps de trois cents cavaliers que Romulus avait institué pour garder sa personne et qui plus tard fut étendu à la cavalerie légère. S'appuyant sur ce mot, ils font de Sellières un poste Romain, composé d'un certain nombre de ces cavaliers. Ne pourrait-on pas tirer son étymologie de *sella, sellaria, sellarium,* mots qui semblent indiquer que ce lieu était une hôtellerie, un endroit, où se reposaient les voyageurs fatigués, et où relayaient les voitures publiques? Nous remarquons avec étonnement qu'aucun de ceux qui ont écrit sur cette ville n'ait songé à cette étymologie.

n'étaient déjà plus debout sur la fin du troisième siècle, car on n'a pas encore découvert sur son territoire de médailles postérieures à Alexandre Sévère. (1).

Mais de même qu'elle était tombée à la première où à la seconde invasion, de même elle devait se relever aussitôt que le calme serait rétabli et les causes qui avaient précipité sa chute devaient également hâter sa réédification.

Les Burgondes, ces étrangers que les historiens s'accordent à nous montrer comme le peuple le moins barbare de tous ceux qui envahirent l'empire d'Occident, ne tardèrent pas à se laisser vaincre par la civilisation chrétienne. En venant s'établir dans la Séquanie, ils l'avaient trouvée presque entièrement déserte ; mais aidés et encouragés par le clergé et les moines, ces infatigables civilisateurs des nations barbares, ils s'attachèrent aussitôt au sol et relevèrent, tout en s'établissant, les villes gallo-romaines les plus importantes. Trouvant fort commode d'user des travaux des Romains, sans même prendre la peine de les réparer, ils commencèrent à se servir de ces indestructibles voies que Rome avait tracées dans toute l'étendue de son Empire avec une magnificence digne des maîtres du monde.

Sellières, qui s'élevait sur une de ces principales voies et dont la position au milieu d'un pays fertile offrait de nombreux avantages, attira aussitôt l'attention des nouveaux maîtres du sol. Ils relevèrent ses murs abbatus et, sur la fin du septième siècle, elle avait certainement acquis une importance qu'elle n'avait jamais eue même dans le temps où la civilisation romaine était la plus brillante dans nos contrées.

(1) Nous n'ignorons pas combien sont incertaines des conjectures appuyées sur de semblables preuves

Sellières sous la domination des comtes de Châlon.

Lorsque, pour la première fois, Sellières nous apparaît au moyen-âge, ce n'est plus la modeste hôtellerie du temps d'Auguste ou de Tibère, mais c'est une de ces belles villes féodales, telle qu'on en rencontre encore de nos jours dans quelques provinces de la vieille Italie. Fière de son formidable donjon et de sa vaste enceinte, elle commande en reine à toute la vallée de la Braine.

Comprise dans l'immense dotation du prieuré de Mouthier-en-Bresse, elle n'avait pas tardé à passer à des Seigneurs séculiers, et au commencement du XIIIe siècle, époque où son histoire commence à être environnée de ténèbres moins épaisses, nous la trouvons sous la domination suzeraine des comtes de Bourgogne et sous la domination immédiate de la famille de Vienne.

En 1208, Etienne II, dont Hugues d'Attigny, seigneur de Sellières, se reconnaissait le vassal, après avoir essayé en vain de réunir les droits de la branche cadette de Bourgogne qu'il représentait à ceux de la branche aînée, en mariant son fils Jean de Châlon, dit le *Sage* ou l'*Antique*, à Béatrix, l'unique héritière du duché, leva contre Othon de Méranie, époux de cette jeune princesse, l'étendard de la révolte et se déclara seul comte légitime de Bourgogne. Aussitôt, rassemblant les troupes du Scoding, qui s'était déclaré pour lui, il marcha contre Othon que soutenait le Warasc. La seigneurie de Sellières, dont le château s'élevait entre ces deux cantons, devint alors le théâtre d'une guerre acharnée et eut certainement beaucoup à souffrir de la rivalité de ces deux puissants seigneurs.

Enfin, Othon de Méranie, battu sur tous les points, demanda la paix et pour la cimenter davantage, il accorda, à Hugues de Bourgogne, fils de Jean de Châlon, Alix, sa fille aînée. Quelques années après cette guerre (1233), Etienne voulant récompenser son fils, lui céda une partie de ses domaines, à la seule charge de se reconnaître son vassal.

Sellières qui appartenait alors, comme nous l'avons dit précédemment, à Hugues d'Attigny, fut comprise dans cette donation.

Et ce pauvre seigneur dans l'impuissance de soutenir ses droits contre le puissant comte de Châlon, céda, non sans regrets, mais du moins sans résistance le domaine convoité.

Devenu Seigneur de Sellières, Jean de Châlon en habita quelquefois le château. C'est là que le jour des octaves de saint Mathieu l'apôtre (1241), il traitait avec Gaucher de Commercy, au sujet des fiefs de Nans, de Montrivel et de Château-Vilain. Nous l'y retrouvons encore au mois de février 1247, donnant aux bénédictins de Vaux sa terre de Barretaine, en échange de vingt-un journaux de terre, que ces derniers possédaient dans le voisinage de Sellières, d'un cens de cinq sols qu'ils avaient sur le château et la seigneurie de cette ville, et de droit dont ils jouissaient au petit Champagny-sur-Salins.

Ce prince, qui fut un des plus puissants seigneurs de son époque, se montra vraiment digne du surnom de *Sage* que lui décerna la postérité. Possesseur de domaines immenses qu'il augmentait sans cesse par des acquisitions ou des traités conclus avec les seigneurs ses voisins, il fit preuve durant toute sa vie d'une piété sincère, et chaque page de son histoire est marquée par des fondations ou des dotations d'abbayes. Dans un temps où la raison du plus fort était souvent la meilleure, on a presque à lui reprocher que cette guerre qu'il fit à son fils aîné, Hugues de Bourgogne, guerre injuste et parricide que la sage médiation de saint Louis ne tarda pas à appaiser, et que Jean de Châlon, hâtons-nous de le dire à sa justification, fit oublier dans la suite par un éclatant repentir.

A l'époque où eut lieu cette guerre, il est probable que déjà Sellières appartenait à Hugues. Quoiqu'il en soit, nous le voyons en disposer en 1259, pour assurer un douaire à Philippine de Bar, fiancée à Othon V, son fils aîné. Ce mariage fut conclu quatre ans plus tard, mais Sellières ne passa pas aux jeunes époux, d'autres domaines ayant été affectés à cette destination.

Elle continua à appartenir à Hugues de Bourgogne jusqu'à sa mort, c'est-à-dire jusqu'en 1270. Ce prince qui mourut jeune laissait douze fils : Othon, l'aîné, auquel échurent la plupart des domaines de son père et qui prit dès lors le titre de comte palatin de Bourgogne qu'il avait porté, se voyant forcé d'accorder un douaire à Alix de Méranie, sa mère, lui céda Sellières, (1) Château-Chalon, Blandan et des rentes sur les Sauneries de Salins. Bien qu'elle fut déjà mère de douze enfants, cette princesse se remaria presque aussitôt avec Philippe de Savoie, auquel elle porta en dot les domaines qui composaient son douaire.

A sa mort, Othon en prit de nouveau possession ; puis à la suite d'un long procès il finit par la céder, au mois de juin 1279, à son frère Renaud de Bourgogne, ainsi que les terres de Montfleur, Dramelay, Pimorin, Montaigu, Sur le Pin, le bois Vernois, Blandans, Château-Chalon, la garde des abbayes de Baume et de Château-Chalon, Binans, Marigny, Bracon et leurs dépendances.

Cet arrangement, paraît-il, ne satisfit pas complètement Renaud, néanmoins n'étant pas de force à soutenir seul une guerre contre le comte palatin, son frère, il attendit patiemment une occasion de prendre sa revanche. Cette occasion tarda un peu à se présenter, mais nous verrons qu'il ne la laissa pas passer sans en profiter.

Othon, qui à la mort de sa première épouse, s'était remarié à Mahaut d'Artois, petite fille de saint Louis, n'avait eu de ses deux mariages qu'une fille unique nommée Jeanne. L'ayant accordée, en 1294, en mariage à un des fils de Philippe le Bel, il avait cédé, comme dot

---

(1) M. Désiré Monnier, dans un article publié dans l'annuaire de 1848, fixe à l'année 1260 la cession qu'Othon V fit à sa mère de la seigneurie de Sellières. Evidemment, il y a là une erreur de date, car Hugues de Bourgogne qui précéda lui-même d'un an dans la tombe son père, Jean de Châlon ne mourut qu'en 1270.

de sa fille, à la couronne de France, par un traité signé à Versailles et daté de la même année, le comté de Bourgogne tout entier, « sans aucune réserve de sa mouvance envers l'empire ni celle de retour à ses héritiers mâles s'il devait lui en survenir. » (1) Ce traité qui ôtait à Renaud tout espoir d'hériter un jour des immenses domaines de son frère, l'irita de plus en plus. Mettant alors habilement à profit le mécontentement qu'avaient excité ces dispositions chez les seigneurs francs-comtois, il forma une ligue dans laquelle entrèrent tous les plus puissants barons du comté, et leva contre son frère l'étendard de la révolte.

Attaquant Othon, les confédérés ne pouvaient manquer d'avoir également sur les bras le roi de France, qui, en pareille occasion, devait nécessairement prendre en main les intérêts de son fils : ils ne l'ignoraient pas, mais tout avait été prévu d'avance.

Edouard Ier était en guerre avec Philippe-le-Bel : soutenus par l'Empereur d'Allemagne, nos barons firent alliance avec lui, et grâce à la puissante diversion que devaient opérer les armes du monarque d'Outre-Manche, ils purent espérer soutenir la lutte pendant quelque temps avec avantage. En effet, tant que dura la rivalité des deux puissants souverains, tout alla bien pour eux; mais la paix une fois conclue entre la France et l'Angleterre, la partie ne fut plus tenable, et ils se virent dans la dure nécessité de déposer les armes et de faire leur soumission.

Avant d'entreprendre cette guerre, où il croyait prendre une revanche si longtemps attendue, Renaud avait senti le besoin de s'appuyer des bourgeois de ses villes; et jugeant que le meilleur moyen de les attacher à sa cause était de les gagner par des bienfaits, il s'était mis en conséquence à leur accorder des lettres d'affranchissement et toutes les libertés qu'ils pouvaient exiger de lui.

(1) M. Rousset.

L'érection de Sellières en commune remonte à cette époque (1293), et c'est au moment où il se trouvait dans les circonstances que nous venons de rapporter, que Renaud de Bourgogne accorda aux bourgeois de cette ville, des lettres de franchises que nous rapporterons plus loin. Les dispositions que ces lettres contiennent sont si libérales, que M. Rousset, dans son Dictionnaire des communes de Franche-Comté, assure n'en avoir jamais rencontré d'aussi généreuses. « On y remarque, dit-il, des stipulations si avantageuses à la population, qu'il nous est permis de croire qu'elles sont moins un acte émané de la seule libéralité du prince, qu'un contrat débattu entre des parties connaissant parfaitement leurs droits et disposées à les faire valoir par tous les moyens en leur pouvoir. »

Comme nous l'avons vu plus haut, toutes ces libéralités n'aboutirent à rien, et Renaud se vit, de même que les autres seigneurs de la Comté, dans la triste nécessité de prêter *hommage-lige* au roi de France (1301). Le mauvais succès de ses armes lui avait sans doute appris qu'il ne faut pas s'attaquer à plus fort que soi, et qu'il vaut mieux plier que rompre, car nous le voyons en 1316 venir de nouveau rendre hommage à Jeanne, sa nièce, et à Philippe-le-Long, son royal époux.

Sellières, en vertu de son codicile de 1314, devait passer à titre de douaire à Guillemette de Montbéliard, son épouse ; la mort de cette dernière rendit cette précaution superflue, et Renaud, par un second testament daté de l'an 1322, en disposa en faveur de son fils Othenin, avec cette clause que, dans le cas où il mourrait sans postérité, ce qui arriva, cette terre serait de nouveau partagée ainsi que ses autres biens entre ses quatre sœurs.

Plus d'un siècle s'était écoulé depuis le temps où Jean de Châlon, dit le Sage, avait enlevé à la famille de Vienne la seigneurie de Sellières, Marguerite de Montbéliard, la plus jeune des sœurs d'Othenin, à laquelle elle échut, l'apporta de nouveau à cette famille par son mariage avec Guillaume de Vienne, seigneur de Sainte-Croix.

Hugues de Vienne, leur fils et leur successeur, se reconnaissait, en 1385, vassal du duc de Bourgogne, et venait lui faire hommage de ses fiefs « à cause, disait-il, de notre *ave* (aïeul), M. le comte Renaud de Bourgogne, comte de Monbéliard, frère fut Monseigneur le comte Othon, comte de Bourgogne. »

Par un testament, publié au mois de mars 1392, il institua héritier de tous ses biens son frère Guillaume IV d'Attigny, seigneur de Sainte-Croix. A cette époque, Guillaume que nous retrouvons mêlé à tous les évènements importants de son temps, était déjà gardien du comté de Bourgogne; il devint dans la suite conseiller et chambellan du roi de France, puis du duc Jean-sans-Peur, gouverneur du Dauphin, et premier chevalier de la Toison-d'Or. Nous le voyons assister au siége de Calais, en qualité de lieutenant du duc de Bourgogne, et c'est lui qui, à l'entrevue du pont de Montereau, où eut lieu l'assassinat de ce même duc, avait reçu le serment des gens du Dauphin.

Grand admirateur des vertus dés enfants de Saint François, ce haut baron voulut en avoir quelques-uns au pied de son château de Sellières, dont il faisait sa résidence ordinaire. Il leur bâtit en conséquence un couvent au pied même de ce château, et il les y établit définitivement en 1414 : nous consacrerons plus loin un article spécial à l'histoire de ce couvent qui subsista jusqu'à la révolution de 1789 et dont l'ancienne église sert depuis plus d'un siècle d'église paroissiale.

Guillaume V, son fils et son successeur, hérita de ses biens, mais non de sa sagesse, disent les anciens chroniqueurs. De même que son père, il faisait du château de Sellières sa résidence habituelle, et c'est là qu'il dissipa une partie de ses biens en folles réjouissances. Ensuite ayant été fait prisonnier à la malheureuse journée d'Anthon, il se vit obligé, pour payer sa rançon, d'engager une partie de ses domaines. A sa mort, ses créanciers firent prendre Sellières qui passa de cette manière à Louis-le-Bon, comte de Châlon-Arlay. Guillaume VIII, son fils, la posséda de 1463 à 1478, époque à laquelle elle échut à Jean IV de Châlon-Arlay, prince d'Orange, comte de Tonnerre, de Panthièvre, etc.

Voici le portrait de ce prince, tel que l'a tracé en quelques lignes M. E. Clerc, dans une remarquable étude sur Philibert de Châlon, son fils. « Le nom de Jean de Châlon, dit-il, serait inscrit au premier rang de nos annales, si dans ce prince ambitieux, versatile, magnifique et dissipateur, la grandeur du caractère avait été égale à celle des dignités. Parent du roi de France et oncle de Maximilien, alors archiduc d'Autriche, plus tard empereur d'Allemagne, il pouvait prétendre à tous les honneurs, il y fut successivement élevé ; à diverses époques et sous des dénominations opposées, il devint gouverneur de notre pays, il fut aussi gouverneur de Bretagne. En France, en Bourgogne, dans les Pays-Bas, en Italie, son nom se trouve mêlé à tous les événements qui signalent l'histoire de la fin du xvᵉ siècle. »

A la mort de Charles-le-Téméraire, il avait d'abord embrassé le parti de Louis XI, contre Marie de Bourgogne, mais blessé des procédés peu dignes du monarque français, il ne tarda pas à l'abandonner pour se rattacher à la cause de sa légitime souveraine. Il n'en fallut pas davantage pour enflamer la colère de l'ambitieux Louis XI; Jean de Châlon fut aussitôt condamné à être pendu et brûlé : Craon fut envoyé à la tête d'une armée pour exécuter la sentence. La mission était difficile à remplir, car, on se le figure sans peine, Jean de Châlon n'alla pas de lui-même se livrer entre les mains du général français pour lui en faciliter l'exécution, mais il entreprit un système de défense qui rendit vains tous les efforts de Craon. A bout de ressources, celui-ci ne crut pouvoir mieux faire pour calmer le ressentiment de son maître, que de pendre Jean-de-Châlon en effigie et de saccager ses terres et brûler ses villes et ses châteaux. Il vint assiéger Sellières, la prit et après l'avoir pillée, la livra aux flammes. Il ne reste pas, croyons-nous, de documents qui fassent connaître si la résistance qu'elle opposa au vainqueur fut considérable et si ses bourgeois firent preuve de courage dans la défense de leurs remparts.

Cette guerre, ainsi que ses folles dépenses, avaient presque ruiné Jean-de-Châlon. En 1493, il se voyait obligé, pour satisfaire ses créanciers, de vendre sa terre de Sellières ; mais s'étant réservé la faculté de rachat pendant douze ans, il signifiait, dès 1495, à Lancelot de Vaudrey, qui s'en était rendu l'acquéreur, l'ordre de rendre les lettres d'acquisition.

A la mort de Jeanne de Bourbon, sa première femme, il avait épousé une autre princesse, du sang le plus illustre, Philiberte de Luxembourg, comtesse de Charny. « La princesse, beaucoup plus jeune que son époux, l'avait déjà rendu père de deux enfants, de Clauda de Châlon et d'un autre fils mort, deux ans après sa naissance. Mais elle était enceinte pour la troisième fois, et du sexe de l'enfant qu'elle allait mettre au monde dépendait la grande question de savoir si la maison de Châlon allait s'éteindre. » Cet enfant fut Philibert de Châlon : il vint au monde dans le château de Lons-le-Saunier et dix-neuf jours plus tard, dans ce même château, mourait Jean de Châlon (18 mars 1502).

« L'enfance du dernier prince de la maison de Chalon se passa presque tout entière dans le val de Miéges, et c'est là ce qui a fait croire qu'il y était né. » Bon, valeureux, en un mot digne rejeton de son illustre famille, à peine âgé de vingt-huit ans, il pouvait prendre rang parmi les plus illustres capitaines de son temps. « Tous les historiens ont été frappés de cette existence si grande et si promptement éteinte ; l'on retrouve partout le récit de ses campagnes, des vicissitudes étranges de sa vie, de la prise de Rome, de la rapide conquête du royaume de Naples dont il fut créé vice-roi, de la dernière journée de sa vie, où il périt devant Florence, emporté par sa bouillante valeur ; et faisant, dit Guichardin, plus l'œuvre de soldat que celui de capitaine. »

Sellières depuis la mort de Philibert de Châlon, jusqu'à la Révolution de 1789.

Philibert, le dernier descendant mâle de l'illustre famille des comtes de Châlon, légua, en mourant, ses immenses domaines à Réné de Nassau, fils de Clauda de Châlon, sa sœur, à charge pour lui de relever le nom et les armes de sa maison.

Sous la domination de ces nouveaux seigneurs, Sellières affaiblie par des incendies successifs, semble perdre toute son importance : Les princes de Nassau-Orange, mêlés aux guerres de religion qui commencent à désoler l'Europe occidentale, s'occupent peu d'elle, et n'ayant pas de seigneur particulier pour la personnifier au milieu des évènements généraux de l'histoire du Comté, elle se borne à réparer sans bruit les désastres qu'elle a subis. Son siége (1595) par les troupes d'Henri IV vint la tirer un instant de son obscurité, mais ce fut pour la plonger de nouveau dans tous les maux que de longues années de paix ne lui avaient permis de réparer qu'en partie.

Au moment où les armées du Béarnais envahirent la Franche-Comté, Sellières était, grâce à la libéralité de Philippe II, son souverain immédiat(1), entourée de remparts nouvellement réparés, son château éga-

(1) Philippe II, ayant confisqué, en 1566, les biens de Guillaume de Nassau, prince d'Orange, était devenu de la sorte seigneur de Sellières. A la demande de ses habitants, il lui avait accordé, en 1585, trois charges de sel par semaine à prendre pendant dix ans aux salines de Salins, pour aider à la reconstruction de ses remparts. Un auteur un peu hasardeux ne manquerait pas d'avancer que c'est à cette occasion et pour perpétuer la mémoire de ce bienfait que Sellières prit les armoiries qu'elle pourrait porter encore aujourd'hui et qui sont d'azur à trois salières d'or posées deux et une.

lementen bon état, était occupé par une garnison suffisante, et si sa position sur la frontière l'exposait aux attaques des bandes pillardes de la Bresse, elle pouvait leur opposer une résistance considérable et même empêcher leurs excursions et préserver de leurs ravages toute la partie du baillage d'Aval, où elle était située. Les ennemis comprirent aussitôt combien cette position était avantageuse pour les défenseurs du Comté ; aussi essayèrent-ils tout d'abord de s'en emparer.

Ne pouvant disposer de forces considérables et voyant bien qu'avec le peu de troupes qu'ils avaient, un siége en règle traînerait en longueur et serait même impossible, ils forment le projet de la surprendre. Les garnisons de Belvesvre, Verdun, Authume-en-Bresse, etc., se réunissent à cet effet et viennent, déguisant leur marche, camper dans les bois immenses qui, du côté de la plaine, garnissaient les abords de Sellières, puis, la nuit venue, ils s'avancent sans bruit au pied des remparts, en renversent les portes à l'aide du pétard (1), et avant même que ses défenseurs aient eu le temps de se reconnaître, ils sont dans la ville, en parcourent les rues et massacrent tous ceux qui se présentent. Se répandant ensuite dans les maisons, ils commencent le pillage et ne se retirent qu'après avoir livré Sellières aux flammes et en avoir fait un monceau de ruines. C'est ainsi que Jean Grivel, auteur contemporain, rapporte le siége de cette ville. M. Rousset prétend que ce ne fut qu'après un siége de sept jours que l'ennemi parvint à s'en emparer ; il ajoute encore que deux sorties des habitants firent éprouver aux ennemis des pertes considérables. Lequel de ces deux auteurs en devons-nous croire ? nous ne saurions le décider, car si d'une part Jean Grivel doit jouir, en sa qua-

(1) Le pétard, dit M. le docteur Chereau, auquel nous devons la publication du journal de Jean Grivel, dont sont extraits ces détails, était une espèce de cône tronqué, chargé de poudre, auquel on mettait le feu à l'aide d'une mèche.

lité d'auteur contemporain des faits qu'il rapporte, d'une grande autorité ; d'une autre part M. Rousset est un auteur consciencieux, et bien qu'il ne fasse pas connaître à quelle source il a puisé ses renseignements, nous devons croire qu'il n'a rien avancé sans preuves.

Ce siége porta à Sellières un coup dont elle ne put se relever, et lorsqu'en 1640 le baron de Castellier, gouverneur de Poligny, la prit de nouveau et la brûla, ce n'était plus que l'ombre d'elle-même ; et de son château-fort il ne devait plus rester que des ruines.

Dom Grappin rapporte qu'une nouvelle expédition fut dirigée contre elle en 1655 ; les motifs de cette expédition et ses résultats nous sont entièrement inconnus.

Le 16 février 1668, Lacuzon, à la tête de 300 fantassins et de 10 cavaliers qu'il conduisait au secours de Dole assiégée, faisait son entrée à Sellières. Dole était prise de la veille et les éclaireurs qu'il avait envoyés en avant pour reconnaître la position de l'ennemi, ayant fait rencontre, à Tassenières, de quelques compagnies françaises qui les dépouillèrent, reprirent à la hâte la route de Sellières et vinrent annoncer au héros de nos derniéres guerres nationales, qui les y attendait, que les secours qu'il portait à la capitale menacées arrivaient trop tard.

La réunion définitive de la Franche-Comté à la France vint quelques annees plus tard, en apportant la paix à notre pauvre province, lui permettre de réparer les maux immenses que lui avait occasionnés une série de guerres désastreuses : Sellières ne parait pas dans la dernière partie de cette lutte soutenue pour la conservation de la liberté franc-comtoise.

Dix ans ans après (1684) cette réunion à la grande nation dont nous sommes aujourd'hui fiers à si juste titre de faire partie, Sellières passait de la famille de Nassau aux princes d'Issenghein. En 1697, Guillaume III, de Nassau, roi d'Angleterre, en obtenait la restitution et la possédait jusqu'en 1602 ; puis les enfants du prince d'Issenghein parvenaient en 1731, après plusieurs années de débats à en recouvrer de nouveau la possession. Alexandre Balthasard, de Gand, l'un d'eux, auquel elle appartint jusqu'en 1758, la transmit à cette époque à à Louise-Pauline de Gand, l'aînée de ses filles. La fin tragique et prématurée de cette princesse rendit, peu de temps après, héritière de ses immenses domaines Elisabeth-Pauline de Gand, de Mérode, de Montmorency, princesse d'Issenghein, épouse du comte Félicité de Brancas, comte de Lauragais. Cette princesse qui fut la dernière dame de Sellières, habitait Arlay ; le site pittoresque de ce bourg lui ayant plu, elle y avait fait bâtir sur l'emplacement du couvent des anciens Minimes l'immense château qu'on voit encore aujourd'hui ; et sur la fin du 18° siècle ce château était devenu, grâce à la présence de son illustre dame, une sorte de petit Versailles où se succédaient sans interruption les fêtes et les bals.

En 1775 tous les seigneurs qui relevaient d'elle furent invités à se rendre à Arlay pour reprendre de fief entre ses mains. Des délégués choisis parmi les plus nobles bourgeois de Sellières vinrent avec les députés des diverses communautés qui dépendaient d'elle, reconnaître sa suzeraineté et lui offrir les produits les plus remarquables de la contrée qu'ils représentaient.

Cette grande dame, si prodigue dans les fêtes splendides qu'elle donnait aux nobles familles de la province, était quelquefois d'une dureté très-grande à l'égard de ses pauvres vassaux. C'est ce que montrent divers procès que soutinrent contre elle les habitants de Sellières. Cette dureté dans l'exercice de ces droits lui aliéna le cœur de ces derniers et c'est avec une sorte de frénésie qu'ils secouèrent son joug lorsqu'arriva la Révolution de 1789.

A Sellières, comme presque partout ailleurs, la révolution se couvre d'abord du masque de la religion : le conseil municipal ne lève jamais ses séances sans décider qu'une messe d'action de grâces sera célébrée pour remercier Dieu des heureuses élections qui viennent d'être faites, ou sans décréter des prières publiques pour attirer la miséricorde de Dieu sur son peuple. Tous dans ce bourg salue avec enthousiasme de fantôme de liberté qui leur apparaît. Le 21 mai 1790, chacun prête le serment fédératif, même les enfants de 4 ans et au milieu des cris : *Vive la nation !* se mêle encore le cri de *Vive le Roi !* Le 14 juillet de la même année, pour montrer combien est grand leur patriotisme, les habitants de Sellières renouvellent ce serment sur l'*Autel de la Patrie* et en présence de l'*Etre-Suprême,* et dès-lors tout marche rapidement vers le désordre dans cette petite ville : on dénonce au district les abbés Alix et Vermot, curé et vicaire de Sellières, qui après avoir prêté le serment à la Constitution civile du clergé s'étaient rétractés, on incarcère les habitants suspects et on ne tarde pas à se livrer à toutes les impiétés, et à tous les excès qui signalèrent la Révolution dans les autres parties de la France.

Etat de Sellières aux diverses époques de son histoire.

Sellières, par sa position, était naturellement divisé en deux parties : le *Bourg-dessus,* qui comprenait le château et les habitations de plusieurs nobles familles de la province, et la ville proprement dite, ou *Bourg-dessous.*

Le château, dont nous parlerons d'abord, tirait une grande importance de sa position, sur la limite des cantons du Scodingue, et du Warasc. Il était situé au sud-est de la ville, sur le petit coteau qui domine la vieille église des Cordeliers et les anciens bâtiments du couvent et de l'hôtel de Poly qui, en dépit du temps, ont encore conservé quelque chose de leur cachet régulier ou féodal.

Aujourd'hui, que tout s'enferme dans une forme de régulière mo-
notonie, on aurait peine à se figurer combien devaient être gracieuses
et poétiques nos villes du moyen-âge, avec leurs maisons aux formes
variées, leur enceinte de remparts, leurs tours semées comme des
fleurons sur cette enceinte, les campaniles de leurs églises et surtout
le donjon du seigneur étendant sa protection sur leurs paisibles habitants ; combien, en particulier, devait être pittoresque l'aspect de
Sellières alors qu'un castel du moyen-âge, qu'un auteur contemporain
désigne comme un des plus beaux du comté, dressait, au-dessus du
bourg pressé dans ses remparts, ses quatre tours, ses murs crénelés
et la masse imposante d'un formidable donjon.

La position de ce château était vraiment magnifique ; aussi les
comtes de Châlon, attirés par sa beauté ainsi que par la proximité de
l'immense forêt des Hayers, où abondait toute sorte de gibier, en fi-
rent-ils plus d'une fois le lieu de leur résidence. Jean de Châlon le
Sage, Hugues de Bourgogne son fils, Renaud de Bourgogne son
petit-fils et Philiberte de Luxembourg, mère du dernier prince de la
maison de Châlon, l'habitèrent à diverses reprises : Guillaume de
Vienne, Huguenin son fils aîné et le puissant Guillaume IV, son second fils, en faisaient leur séjour habituel, et c'est là que Guillaume V
dissipa, en fêtes magnifiques, les biens immenses que lui avait légués
son père.

Ce séjour des puissants comtes de Châlon, à Sellières, avait attiré
dans cette ville plusieurs nobles familles de la province. Les seigneurs
de Chaumergy, de Rye, de Sergenon, de la Chassagne, du Pin, de la
Motte (1), de Vaudrey, de Beauchemin, du Vernois, de Reculot, du

---

(1) De ce village, autrefois considérable, il ne reste plus aujourd'hui qu'un
moulin en assez mauvais état. Il fut détruit pendant les dernières guerres qui
amenèrent la réunion de notre province à la France. On rencontre encore sur
son emplacement, de nombreux vestiges des anciennes habitations, des monceaux de cendre, une quantité prodigieuse de tuiles brisées, etc., etc. Il tirait
son nom d'une motte artificielle très-remarquable, à la description de laquelle,

Visenal, de Chaussin, de Tourmont, de Matal, de Jourdain, de Jouf-froy, de Marveilse et de Martigny (1) possédaient, dans l'enceinte de son château, des manoirs dont ils faisaient le lieu de leur résidence ordinaire. La réunion de ces divers manoirs formait ce qu'on appelait le *Bourg-dessus*. Le *Bourg-dessous* s'étendait plus bas et comprenait dans la ceinture de ses remparts toute la partie de Sellières située, aujourd'hui, sur la rive gauche de la Braine jusqu'à l'hôtel Poly. Ces remparts étaient percés de trois portes ; la première, appelée Porte dessus ou de Poligny, existe encore aujourd'hui : elle est enga-gée sous une des ailes de l'ancien hôtel de Jean Vaudrey (la cure actuelle) ; la seconde, appelée porte d'Aval, démolie depuis longtemps, était située proche de la maison de Denis Dupin, seigneur de La Motte (ancien hôtel de Genève) ; la troisième enfin, appelé Porte de Dôle ou de l'hôpital, s'ouvrait sur le pont de la rivière de Braine, non loin de l'endroit où est situé aujourd'hui le bureau des messageries de M. Légerot ; elle fut démolie au commencement de la Révolution de 1789, tant parce qu'elle gênait les communications que parce qu'ells commençait à menacer ruine. Six grosses tours circulaires for-tifiaient cette enceinte ; une d'elles, située derrière les bâtiments de l'ancien hôtel de Genève, a été conservée presque intacte ; mais des cinq autres il ne reste plus que des ruines, quelques-unes même ont com-plètement disparu.

Ce château, cette enceinte fortifiée, la présence de tant de nobles familles et surtout celle des comtes de Chalon, tout cela avait con-couru à donner à Sellières un certain relief parmi les villes du comté : ce relief, elle sut le conserver jusqu'à l'époque où Craon, à la tête des armées de Louis XI, vint porter dans ses murs le fer et la flamme.

M. D. Monnier a consacré quelques lignes dans l'Annuaire du Jura de 1843 : les documents de cet article lui avaient été fournis par M. J. Certeron, de Vers.

(1) Cette liste est tirée du Dictionnaire des communes de Franche-Comté de M. Rousset.

Le coup qu'il lui porta, paraît-il, fut terrible, car elle ne put s'en relever. Les incendies générales de 1511, 1513 et 1540 achevèrent de l'abattre, et sur la fin du xvi° siècle, lorsqu'elle commence à sortir de ses ruines, les troupes de Henri IV viennent, en la renversant de nouveau, inaugurer pour elle une nouvelle suite de malheurs. Dès lors, ce bourg n'est plus que l'ombre de lui-même. Gilbert Cousin, qui écrivait à cette époque, nous le représente comme à moitié détruit par les guerres et les incendies, et voici la triste description qu'en fait en 1606 le père Fodéré : « Sellières, dit-il, est une petite ville assez ruinée et malsaine, subjecte à grande quantité de grenouilles, serpents et autres vermines de terre, pour être marécageuse et entourée pour la plupart de grandes forêts et toutes les avenues fort boueuses et fangeuses en temps de pluie et dans laquelle je n'ai pas remarqué grandes singularités. » « D'après cette peinture, ajoute M. Rousset, on peut juger de la mortalité effrayante que devaient y causer les pestes qui ont si souvent ravagé les lieux, même les plus salubres de notre province. » On ne pourrait, en effet, expliquer autrement l'effrayante diminution de la population réduite, en 1647, à 18 ou à 20 chefs de famille.

Depuis Philiberte de Luxembourg, les portes du château de Sellières ne s'ouvrirent plus pour ses seigneurs, et en même temps que ces derniers se retiraient, les nobles familles que leur présence avait amenées dans ce bourg, le désertaient également. Mais à cette époque commençaient à apparaître deux nouvelles maisons dont plusieurs membres devaient être appelés à jouer un rôle assez important sur la fin du xvi° siècle : la famille Froissard et la famille Doroz. C'est dans cette ville, dit Gilbert Cousin, que naquit Pierre Froissard, le plus habile médecin de son époque, et Jean Froissard, président du Parlement de Dole, que sa correspondance avec le cardinal de Granvelle nous montre dans l'intimité de ce célèbre ministre de Philippe II. Si l'on en croit dom Grappin qui cite à cette occasion ce distique :

Viribus a claris Seleres lætantur amœnæ,
Præside Foissardo, Præsule Dorotheo.

Sellières aurait également vu naître Jean Doroz, religieux bénédictin du prieuré de Vaux, qui fut successivement professeur de droit à l'Université de Dole, vicaire-général du diocèse de Besançon, avec le titre d'évêque de Nicopolis, abbé de Faverney et enfin évêque de Lausanne. L'hôtel de sa famille, qui conserve encore ce cachet de noblesse que n'ont plus les monuments de notre époque, appartient aujourd'hui à MM. Perruche de Velna.

Quant au château des comtes de Châlon, nous terminerons cet article par une courte description de ses ruines : un terrier de 1548 nous le montre dans un état déplorable ; un siècle plus tard il n'en restait déjà plus que des constructions à demi-écroulées. Aujourd'hui néanmoins, l'enceinte est encore entière, des murs de trois ou quatre mètres de hauteur et des tronçons de tours permettent de la reconnaître sans peine ; les fossés d'une largeur étonnante ont laissé au pied de ces murs et de ces tours un profond sillon ; des souterrains à demi-murés apparaissent çà et là, mais un silence rarement interrompu règne au milieu de ces vénérables débris, et la nature elle-même semble se joindre au hommes pour les faire disparaître sous les pampres dorés d'un riche vignoble et pour effacer, dans notre ville, jusqu'au dernier vestige la domination des comtes de Châlon.

Seigneurie de Sellières, franchises et libertés des habitants, administration municipale.

Sellières était le chef-lieu d'une seigneurie qui comprenait, outre ce bourg, les communautés de la Ronce, du Villey, de Francheville, de Bois-de-Gand, de Chapelambert, de Bône, de Vers, de la Motte et de Chaumergy. Sur la plupart d'entre elles, les seigneurs de Sellières avaient le droit de moyenne et basse justice, et surtoutes le droit de haute justice. La seigneurie était divisée en trois dîmeries : celle de Sellières, dont nous nous occupons exclusivement, était composée de 415 journaux de terres labourables ; elle devait payer, comme redevance, le 15ᵉ des blés qui se lient, tels que le froment, l'orge, l'avoine, etc. La culture du maïs ne s'étant introduite dans le pays qu'après la fixation de ces redevances, les habitants de Sellières prétendirent longtemps qu'ils étaient dispensés d'en payer la dîme ; un procès fut même entamé à cette occasion, mais le résultat de ces débats fut, pour les pauvres vassaux, une condamnation du Parlement.

Du revenu entier de cette dîme, peu considérable du reste (1), les seigneurs de Sellières ne percevaient que la 6ᵉ partie ; le reste appartenait à l'abbé de Baume, au curé de Vers et aux seigneurs du Deschaux. Leurs autres droits étaient ceux de banalité des fours et des moulins, de lods sur les mutations d'immeubles, l'impôt des halles, les jours de foires et de marchés (2), etc., etc. Telles étaient les obli-

(1) Ce revenu s'élevait, avant la Révolution de 1789, à la somme de 7,500 livr.

(2) La coutume de tenir un marché à Sellières, le mercredi de chaque semaine, est fort ancienne. Deux foires d'une durée de deux jours s'y tenaient également, depuis très-longtemps, chaque année ; l'une, le mercredi après le dimanche de Quasimodo, et l'autre, le jour de la fête de saint Simon, apôtre.

gations des habitants envers leurs seigneurs ; maintenant voyons quelles étaient leurs libertés ?

C'est au mois de mai 1293 que Renaud de Bourgogne érigea Sellières en commune. Le manque d'espace ne nous permettant pas de reproduire *in extenso* les chartes de franchises qu'il accorda, à cette occasion, aux habitants, nous nous contenterons de donner la courte analyse qu'en a fait M. Rousset. Voici cette analyse :

« Le comte Rainaud déclare que ni lui, ni ses successeurs ne pourront exiger des tailles, charrois, aides, corvées d'hommes ou d'animaux, emprunts forcés, ni exercer aucune exaction sous quel titre que ce soit, et qu'il en sera de même de son prévôt et des autres gens de sa maison. Aucune précaution n'est omise pour assurer la liberté individuelle des habitants, le respect de leurs personnes et de leurs biens, et pour mettre sur un pied d'égalité parfaite les nobles et les bourgeois pour supporter les charges communales. Le prince autorise les habitants à choisir eux-mêmes le commandant du guet, les forestiers, les gardes des fruits, à élire annuellement quatre conseillers pour administrer les affaires de la commune ; il leur reconnaît le droit de chasser, de pêcher et de vendre le produit de leurs récoltes sans payer aucune redevance. Les peines applicables à chaque crime ou délit sont déterminées d'une manière précise et le maximum des amendes est fixé à sept sols pour tous les cas non prévus. Chaque nouveau seigneur, à son avènement, est assujetti à l'obligation de jurer, avec quatre chevaliers, l'exécution de la charte avant d'entrer dans la ville, et de faire remplir la même formalité par son bailli, son chatelain et ses autres officiers de justice. Le comte prend l'engagement de clore le bourg, à ses frais, de murs et de fossés, et ne laisse que l'entretien de cette clôture à la charge des habitants. »

L'authenticité de ces lettres, dont les habitants de Sellières ne purent jamais produire ni l'original, ni même une copie en règle, fut contestée en plusieurs occasions par les seigneurs de la ville. D'après leur teneur, ils étaient dispensés de payer le droit d'aide, à ces derniers, dans les quatre cas prévus par la législation du comté : néanmoins ils se virent obligés de l'acquitter envers Mme la comtesse de Lauragais à l'occasion du mariage de sa fille avec le prince d'Aremberg. Parmi les droits non mentionnés dans l'analyse de M. Rousset, était celui de de glandée dans les forêts du prince, droit assez important si l'on considère que pendant longtemps, le principal revenu des habitants de Sellières consista, comme disent aujourd'hui nos agronomes, dans l'élevage des porcs. Ils possédaient également dans ces forêts les droits de *bois morts* et de *mort-bois* qu'ils échangèrent au commencement du xviiime siècle contre la possession entière d'une partie d'entre elles.

Fiers de leurs franchises, ils exigeaient, de ceux qui voulaient se faire recevoir bourgeois de Sellières, des preuves de leur « bonne vie, mœurs et religion » et les obligeaient à payer une somme de deux pistoles pour droits de réception.

Le mode d'administration de la ville changea à diverses reprises. D'après leurs chartes de franchises, les habitants avaient le droit d'élire quatre échevins chargés de les administrer. Voici la manière dont l'intendant de la province fixa en 1746 le mode de cette élection. Les quatre échevins devaient être tirés au sort parmi vingt des habitants les plus capables de la ville ; leurs pouvoirs duraient quatre ans ; mais des élections partielles avaient lieu, de deux ans en deux ans, afin que les échevins entrant en fonction en trouvassent d'autres plus expérimentés qui pussent les diriger. Ils remplissaient, chacun à leur tour, pendant un an, les fonctions de trésorier et étaient aidés dans les affaires importantes d'un conseil de vingt membres. C'était parmi les membres de ce conseil qu'ils étaient choisis, et c'était là qu'ils venaient prendre place, le temps de leurs fonctions expiré.

Comme on le voit, ce mode d'administration était fort simple ; les droits des seigneurs sur les habitants n'allaient pas loin, tandis que les libertés de ceux-ci étaient considérables.

Le couvent des Cordeliers

Comme plusieurs grandes villes de la province, Sellières posséda, sur la fin du moyen-âge, son couvent de Cordeliers. De même que la ville, ce couvent eut son ère de prospérité, il tomba avec elle et disparut devant la Révolution. Les nombreux incendies de Sellières ayant détruit à diverses reprises les archives de la communauté, son titre de fondation fut perdu ; et aujourd'hui il nous est difficile d'en fixer l'origine d'une manière certaine. Le Père Fodéré, qui nous a laissé une histoire des couvents de Cordeliers de la province, établit néanmoins, assez péremptoirement, que sa fondation est due à Guillaume IV de Vienne, seigneur de Sellières. Quant à l'année précise de cette fondation, il est difficile de la déterminer d'une façon aussi certaine : jusqu'ici on l'a fixée à l'an 1414.

Guillaume de Vienne était grand admirateur de sainte Colette, sa contemporaine, qu'il aida de tout son pouvoir dans la réforme qu'elle fit de l'ordre de saint François. Cette admiration du puissant baron pour l'illustre réformatrice se traduisit aux yeux des peuples par la fondation du couvent de Sellières. La maison de Dole, plus ancienne de quelques années, mais déjà florissante, fournit les religieux nécessaires à cette fondation ; et c'est dans son propre château que Guillaume de Vienne établit ces derniers, en attendant que les bâtiments qu'il leur faisait construire au pied même de ce château fussent achevés.

Il serait trop long de rapporter ici toutes les tracasseries que les habitants de Sellières, dont la piété était loin d'égaler celle de leur seigneur, firent subir aux pauvres religieux : heureusement Guillaume était là pour les protéger ; mettant à leur service son immense crédit, il n'eut pas de peine à leur aplanir toutes les difficultés. Ces embarras, suscités par la malveillance, occasionnèrent d'assez longs retards dans l'établissement définitif de nos Cordeliers. Ce ne fut qu'en

1421 que leur église, entièrement achevée, put être consacrée.

Le temps qui s'écoula de cette époque à l'an 1479, fut pour le couvent de Sellières une ère de prospérité. Les incendies de 1511, de 1518 et 1540 lui portèrent des coups funestes ; néanmoins, sur la fin du xvi° siècle, il avait recouvré une certaine importance, puisque deux chapitres provinciaux s'y tenaient : l'un en 1565 et l'autre en 1588.

Les Cordeliers, qui ne pratiquent pas la pauvreté aussi strictement que l'exige la règle de saint François, reçoivent volontiers les dotations immobilières qui sont faites à leurs couvents. A diverses époques les religieux de Sellières reçurent de nombreuses dotations de ce genre. Le 2 mai 1505, Philiberte de Luxembourg leur cédait, pour agrandir leur clos, une pièce de terre située sous les fossés de la ville. Au mois de juillet de la même année, cette pieuse princesse, « à cause, disait-elle, de la singulière dévotion qu'elle avait aux frères « mineurs observans de Sellières, » leur accordait encore un journal de terre à prendre dans son propre clos. En 1529, Catherine de Vaudrey fondait dans leur église de somptueux services et leur faisait, à cette occasion, des legs considérables. Un peu plus tard, René de Nassau leur donnait encore un journal de terre à prendre dans son verger pour agrandir leur clos. Enfin il serait trop long de rapporter ici toutes les fondations faites par les familles Doroz, Froissard, de Rahon, de Fauchier, de Savoyeu, etc. : il suffit de dire que le couvent était en pleine voie de prospérité lorsqu'il fut incendié par les Français, en 1640. On ne commença les travaux de sa reconstruction que longtemps après la conclusion de la paix : Madame Anne-Philippe de Cécile, pourvut en grande partie aux frais de cette reconstruction. Bienfaitrice des pauvres de Sellières, cette bonne dame (1) a droit à toute la reconnaissance des habitants.

(1) Son portrait peint sur toile décore aujourd'hui une des salles de l'hôtel-de-ville de Sellières : par un singulier hasard, il sert de pendant à celui du fameux Jean de Watteville.

Les largesses qu'elle fit à nos Cordeliers n'empêchèrent pas leur couvent de tomber en décadence. Lorsqu'éclata la Révolution, il n'était plus composé que de quatre religieux qui, ne sachant que faire de leurs vastes bâtiments, y avaient établi un asile pour les aliénés. Pour se disperser, ils n'attendirent pas qu'on leur en réitérât l'ordre et à peine étaient-ils partis que les cloîtres étaient vendus au nom de la nation.

Cette notice sur le couvent des Cordeliers de Sellières serait par trop incomplète, si nous ne nommions en terminant le fameux Jean de Cathalando, qui après avoir été, à la tête de la bande infernale des *Trente-mille-Diables*, la terreur des provinces du midi de la France, vint, touché de repentir, déposer dans son église une épée souillée de crimes et y revêtir l'humble habit des fils de saint François.

Etat religieux de Sellières.

Sellières, de même qu'il était divisé en deux parties, appartenait à deux paroisses différentes : le *Bourg-dessus* dépendait de l'église de Toulouse et le *Bourg-dessous*, de celle de Vers ; mais, ce dernier étant le plus considérable, on avait coutume de considérer Sellières comme appartenant tout entier à cette dernière paroisse. Du reste, la dépendance du Bourg-dessus de l'église de Toulouse semble n'avoir été en réalité, que nominale : les comtes de Châlon ayant possédé de tout temps, dans une des tours de leur château, une chapelle desservie d'abord par un chapelain, plus tard par les Pères cordeliers du couvent, dans laquelle se réunissaient pour assister aux saints offices tous les nobles habitants du *bourg*. Nous n'avons donc à nous occuper ici que de l'église de Vers, puisque de fait, Sellières en dépendait tout entier.

On sait que c'est au V⁰ siècle et par un éduen du nom de Lothein, que fut allumé le flambeau de la foi parmi les populations éparses du pays qui forme aujourd'hui le canton de Sellières. Le saint s'était établi dans le lieu où s'élève maintenant le beau village qui porte son nom, et y avait fondé un monastère d'où sortirent bientôt de nombreux apôtres. Les uns se répandaient dans les villes gallo-romaines qui commençaient à renaître de leurs cendres ; mais le plus grand nombre se retirant dans les sombres forêts qui avoisinaient Silése, y dressaient une modeste cellule et défrichaient de leurs mains monastiques le sol encore vierge : le jour se faisait ainsi autour d'eux ; et des colons ne tardaient pas à venir fixer leur demeure à l'ombre de leur modeste oratoire. Telle est, on le sait, l'origine d'un grand nombre de villages et de plusieurs villes de notre province ; telle serait aussi l'origine de Vers. A l'époque où saint Lothein se fixait à Silèse une immense forêt couvrait l'emplacement de ce village ; un des disciples du saint vint s'y établir et porter le premier la cognée au pied des chênes séculaires de cette forêt : bientôt quelques cabanes s'élevèrent auprès de la sienne et la forêt reculant rapidement devant les nouveaux venus, Vers apparut tout-à-coup.

Dans son nom, ce village porte encore un signe manifeste de son origine, en effet, Vers, Wars, Warz ou Garz, sont tirés d'un vieux mot celtique qui signifie forêt ; jusqu'à la Révolution il conserva même sa verte ceinture de bois mystérieux et des débris remarquables de ces bois subsistent encore aujourd'hui.

Il était naturel que le village ainsi formé fût desservi par les moines, premiers habitants du lieu. Non contents d'administrer le petit troupeau qui était venu de lui-même se mettre sous leur garde, ils évangélisèrent le pays environnant et ne tardèrent pas à se trouver de la sorte à la tête d'une paroisse qui comprenait Vers, Sellières, le

Villey, Francheville, la Ronce, la Motte, Bois-de-Gand et le Sauvement (1).

Le petit monastère, s'il est permis de donner ce nom aux quelques
cellules de Vers, devint dans la suite un prieuré de Baume. Diverses
chartes de 1089, 1111, 1133 et 1162 le recensent parmi les possessions
de la célèbre abbaye. Jusqu'en 1479, des moines, envoyés par l'abbé
de Baume, continuèrent à desservir la paroisse, mais à cette époque
l'église et les bâtiments du prieuré ayant été détruits par les troupes
de Louis XI, les religieux se retirèrent dans leur monastère et, durant
quelque temps, elle demeura sans pasteur.

Cette guerre, qui avait presque ruiné le pauvre village de Vers,
n'empêcha pas les habitants de travailler aussitôt à la reconstruction
de leur église. Il n'en fut pas de même des bâtiments du prieuré, et
ce fut là sans doute ce qui décida l'abbé de Baume à nommer à la
place des anciens moines un curé chargé de la desserte de la paroisse. Ce dernier trouvant que le séjour de Vers était trop monotone, vint s'établir à Sellières. Néanmoins longtemps son séjour dans
cette ville parut n'être que toléré ; à diverses reprises il se vit presque
contraint de céder aux réclamations des communautés du Villey, de
Bois de Gand et de la Motte qui, situées à une distance très-grande
de Sellières, demandaient avec instance que leur curé vint de nouveau s'établir à Vers. La nécessité de reconstruire la cure et la pauvreté très-grande de ses paroissiens rendant presque impossible cette
reconstruction, le servirent puissamment en ces occasions ; et il se contenta d'envoyer un de ses vicaires fixer à Vers sa résidence.

En confiant à un curé l'administration de l'ancien prieuré, l'abbé de
Baume s'était bien gardé de lui abandonner tous ses droits. En sa
qualité de patron de la paroisse, il continua à percevoir le tiers des

(1) Le voyageur qui visite aujourd'hui ce lieu, devenu presque désert, à
peine à se figurer que c'est là que Mahaut de Bourgogne avait fait bâtir une
célèbre abbaye de l'ordre de Fonteyrault, dont elle fut la première abbesse.

dîmes de la dimerie de Sellières. Un autre tiers de ces dîmes appartenait au curé et c'était là son principal revenu. De nombreuses
fondations et des droits curiaux considérables lui formaient un casuel
très-convenable et il semble que son état devait être fort passable.

Lorsque le curé de Vers vint s'établir à Sellières, depuis longtemps
une chapelle, où un moine du prieuré venait chaque dimanche célé-
brer la messe, existait dans cette ville. Elle s'élevait sur la place de
la Fidélité et était placée sous le vocable de Notre-Dame. Ce fut là
première église de Sellières. Peu considérable, sans doute, il est
probable que quelques années avant, elle eut été insuffisante à con-
tenir la population tout entière ; mais depuis le passage de Craon,
cette population avait diminué d'une façon effrayante et pendant
plusieurs siècles le modeste édifice devait suffire à la petite ville. C'est
vers l'an 1770 que les habitants, auxquels un siècle entier de paix
avait permis de réparer les maux d'une guerre longue et désastreuse,
voyant que leur vieille église menaçait ruine, résolurent d'en construire une nouvelle. Les fonds nécessaires à cette construction ras-
semblés, on se mit à l'œuvre. Déjà les murs s'élevaient à une certaine
hauteur, lorsqu'éclata la Révolution de 89. Aussitôt les travaux sont
suspendus ; les sommes rassemblées sont employées à d'autres objets
et les ordres religieux ayant été supprimés, la vieille église des Cordeliers de Sellières qui, depuis quelques temps servait déjà d'église
paroissiale, fut cédée par le district aux habitants.

Étroite et délabrée, cette modeste chapelle ne pouvait suffire à une
population aussi considérable que celle de Sellières, et la construction
d'une église plus vaste et plus digne de la ville était nécessaire. Le
manque presque absolu de fonds rendait cette construction difficile
et durant presque trois quarts de siècle la commune se vit obligée
de la différer. Mais enfin grâce à bien des sacrifices, grâce au zèle
infatigable de M. Saron et des deux prêtres qui lui ont succédé, cette
construction touche à sa fin, quelques mois encore et M. de Fon-
tenelle, curé actuel de Sellières, aura la satisfaction de voir son

troupeau tout entier rassemblé dans la nef d'une vaste église. Cette église est située à l'extrémité de la rue des Deux-Ponts, sur l'emplacement des anciens bâtiments de l'hôpital du Saint-Esprit (1). L'architecte chargé de cette construction a adopté comme style le gothique, tel que le comprenaient les *maîtres de l'œuvre* des cathédrales d'Amiens, de Rheims et de la Sainte-Chapelle. Avancer que dans cette imitation des chefs-d'œuvre de notre art national parvenu à son apogée, aucune faute ne s'est glissée, serait peut-être téméraire : ce n'est pas sans tâtonnement qu'on parvient à ressusciter un genre enseveli dans un long oubli et à renouer les anneaux d'une chaîne de traditions longtemps interrompue.

(1) Les revenus de cet hôpital, dont la fondation remonte fort haut, car il est déjà mentionné dans le testament de Renaud de Bourgogne, furent réunis, au 17e siècle, à ceux de la maison des orphelins de Dole.

La tâche que nous nous étions imposée d'écrire l'*Histoire de Sellières* est achevée. Sans doute beaucoup de choses restent encore à dire sur cette petite ville. La crainte d'être prolixe et notre conviction que l'histoire locale ne doit pas dépasser les bornes d'une chronique, nous ont engagé à laisser de côté plusieurs documents intéressants que trouveront, aux archives municipales de la ville et aux archives du Jura, ceux qui, jugeant notre travail trop incomplet, ou qui, voulant rectifier les erreurs qui auraient pu s'y glisser, se proposeraient d'écrire une nouvelle histoire de Sellières.

FIN.

TABLE.

9 782016 141540